FULL SCORE
WSB-11-004

吹奏楽譜 ブラスロック・シリーズ
BRASS ROCK

祭-YAGIBUSHI Brass Rock

日本民謡　編曲：福田洋介

楽器編成表

Piccolo	B♭ Trumpet 1	Drums
Flutes 1 & 2	B♭ Trumpet 2	当たり鉦, 樽太鼓
Oboe	B♭ Trumpet 3	太鼓
Bassoon	F Horns 1 & 3	Percussion
E♭ Clarinet	F Horns 2 & 4	...Cowbell, Tambourine, Bongo
B♭ Clarinet 1	Trombone 1	
B♭ Clarinet 2	Trombone 2	Mallet
B♭ Clarinet 3	Trombone 3	...Xylophone, Glockenspiel
Alto Clarinet	Euphonium	
Bass Clarinet	Tuba	Full Score
Alto Saxophone 1	Electric Bass	
Alto Saxophone 2	(Acoustic Bass)	
Tenor Saxophone		
Baritone Saxophone		

＊イタリック表記の楽譜はオプション

吹奏楽譜 ブラスロック・シリーズ

祭-YAGIBUSHI Brass Rock

曲目解説

　日本の三大音頭のひとつに数えられることもある八木節は、大正3〜4年頃、堀込源太によってレコード化される際に命名されたもので、その起源については諸説あります。この八木節を吹奏楽で現代風にカッコよくアレンジ。民謡とロックの融合『祭-YAGIBUSHI Brass Rock』としてお届け。ファンク調でビート感たっぷり、熱気あふれるアレンジです。打楽器がメインになる個所があり、お祭りの雰囲気を盛り上げます。チャンチキ(当たり鉦)や樽太鼓など、八木節の囃子に欠かせない楽器の指定もありますので、あれば入れていただくことでより派手で楽しくなるでしょう。

演奏のポイント

　日本各地のご当地民謡は数々歌い継がれており、日本の財産と言っても過言ではないでしょう。その独特なフレーズ感はその地域の生活感と密接であり、自身が歳を重ねるごとに、民謡に対する味覚が分かるというものです。モダンなアレンジが成功した『高知よさこい節』『東京音頭』、いつまでも変わらぬ響きが圧倒的な存在感を持つ『阿波踊り』『祇園囃子』など、挙げるとキリがありません。この『八木節』は関東北部に伝わる民謡ですが、日本を代表するだけの存在感あるフレーズを使って、ファンキーテイストのアレンジを作りました。
　16分音符をいわゆる「シャッフル」気味(少しハネる)に演奏しても雰囲気がクールになりますし、ストレートな16ビートで攻めても流麗になるでしょう。16分休符のタイム感を上手く使って、キレの良い演奏を作ってください。また構成は分かりやすく、金管・木管・打楽器(=太鼓)・低音の各セクションに活躍の場を設けています。
　和楽器の指定として、本場の八木節で使う樽太鼓(酒樽をそのまま和太鼓のバチで叩く)も書いてありますが、これは締太鼓のワク打ちや、大きめのウッドブロックでも良いでしょう。太鼓はできれば櫓太鼓を使い、華やかなバチさばきも付けられたらより楽しいでしょう！しかし代わりにフロアタムで演奏しても大丈夫です。あくまで目安としてリズムを書いていますので、長さを含めてアレンジしていただければ！
　ロックで「いなせ」な八木節、カッコよく演奏してください！

大阪市立高津中学校吹奏楽部委嘱作品

(by 福田洋介)

編曲者プロフィール / 福田洋介(Yosuke Fukuda)

　1975年東京杉並生まれ。11歳よりDTMシステムによる音楽作りを始める。現在まで作・編曲は独学。そして中学、高校と吹奏楽を続ける。高校在学中に商業演劇の音楽を担当。その後演劇・舞踊・映画・TV・イベント等の音楽製作、吹奏楽・管弦楽・室内楽の作・編曲および指導・指揮に力を注ぐ。吹奏楽やアンサンブルのCDや楽譜を株式会社ウィンズスコア、エイベックス・クラシックスなど各社より多数出版。佐渡裕&シエナ・ウインド・オーケストラ、「題名のない音楽会21」などのアレンジャーとしても好評を博す。その他、学生団体・一般団体の常任・客演指揮も務めている。
　ダイナミックかつシンフォニックな音楽から、一度聞いたら忘れられない透明でシンプルな音楽まで、あらゆる姿の音を紡ぎ出すその作風に、各方面からの評価と信頼が高い。
　現在、東邦音楽大学特任准教授・ウインドオーケストラ指揮者。

<主な作品>『さくらのうた』(第22回朝日作曲賞)、『吹奏楽のための「風之舞」』(第14回朝日作曲賞)、『KA-GU-RA for Band』(JBA下谷賞・佳作)、『シンフォニック・ダンス』、『サクソフォン・シャンソネット』他

祭-YAGIBUSHI Brass Rock

Japanese Traditional
Arr.by Yosuke Fukuda

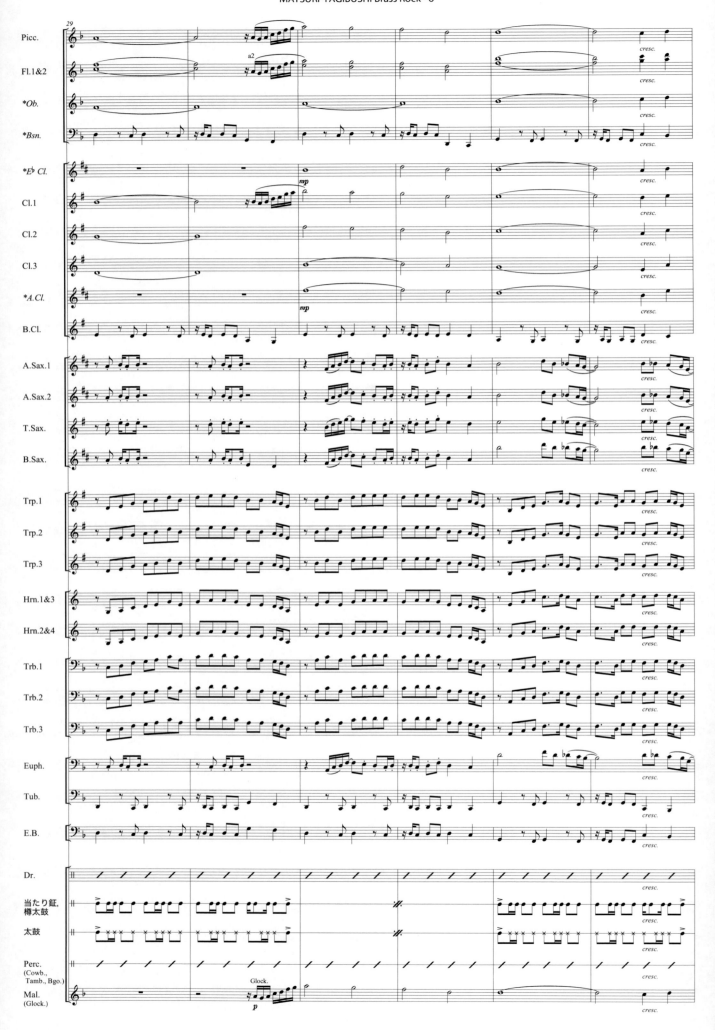

ご注文について

ウィンズスコアの商品は全国の楽器店、ならびに書店にてお求めになれますが、店頭でのご購入が困難な場合、当社PC&モバイルサイト・FAX・電話からのご注文で、直接ご購入が可能です。

◎当社PCサイトでのご注文方法
http://www.winds-score.com
上記のURLへアクセスし、WEBショップにてご注文ください。

◎FAXでのご注文方法
FAX.03-6809-0594
24時間、ご注文を承ります。当社サイトよりFAXご注文用紙をダウンロードし、印刷、ご記入の上ご送信ください。

◎お電話でのご注文方法
TEL.0120-713-771
営業時間内に電話いただければ、電話にてご注文を承ります。

◎モバイルサイトでのご注文方法
右のQRコードを読み取ってアクセスいただくか、URLを直接ご入力ください。

※この出版物の全部または一部を権利者に無断で複製(コピー)することは、著作権の侵害にあたり、著作権法により罰せられます。

※造本には十分注意しておりますが、万一、落丁・乱丁などの不良品がありましたらお取り替えいたします。また、ご意見・ご感想もホームページより受け付けておりますので、お気軽にお問い合わせください。

Flutes 1&2

祭-YAGIBUSHI Brass Rock

Japanese Traditional
Arr.by Yosuke Fukuda

Oboe

祭-YAGIBUSHI Brass Rock

Japanese Traditional
Arr.by Yosuke Fukuda

Bassoon

祭-YAGIBUSHI Brass Rock

Japanese Traditional
Arr.by Yosuke Fuku

B♭ Clarinet 1

祭-YAGIBUSHI Brass Rock

Japanese Traditional
Arr. by Yosuke Fuk

Alto Clarinet

祭-YAGIBUSHI Brass Rock

Japanese Traditional
Arr.by Yosuke Fuk...

Saxophone 1 — MATSURI-YAGIBUSHI Brass Rock - 2

Alto Saxophone 2

祭-YAGIBUSHI Brass Rock

Japanese Traditional
Arr.by Yosuke Fukui

B♭ Trumpet 2

祭-YAGIBUSHI Brass Rock

Japanese Traditional
Arr.by Yosuke Fuku

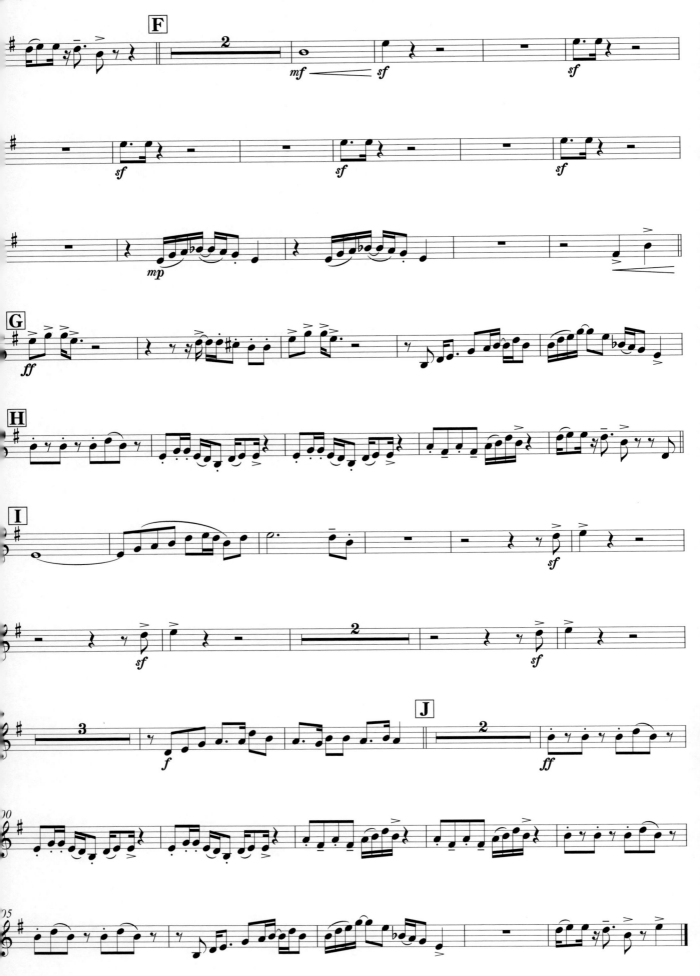

祭-YAGIBUSHI Brass Rock

Trombone 1

Japanese Traditional
Arr.by Yosuke Fukuda

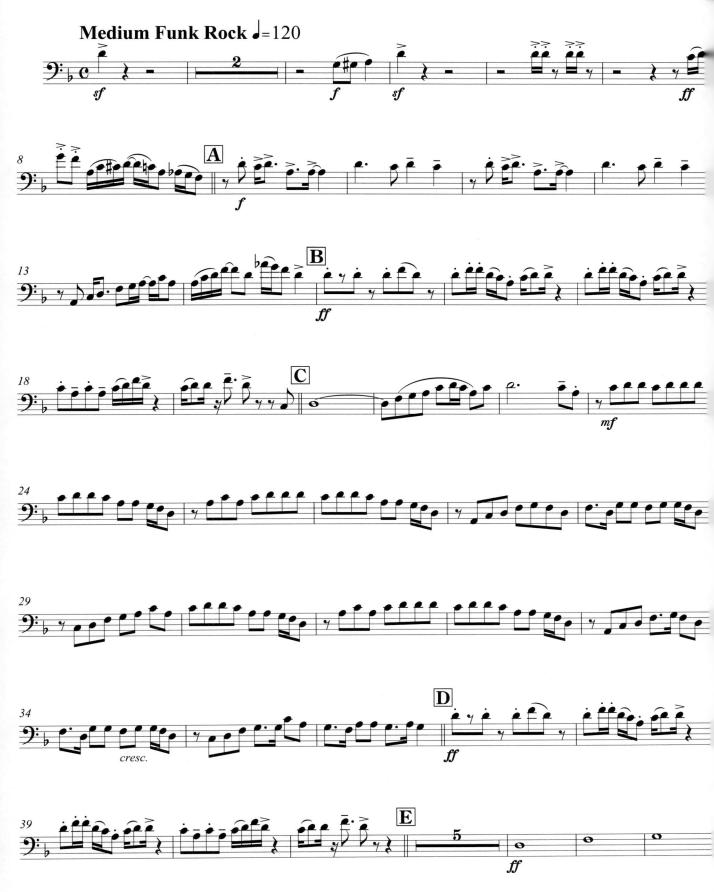

Trombone 2

祭-YAGIBUSHI Brass Rock

Japanese Traditional
Arr.by Yosuke Fukuda

Trombone 3

祭-YAGIBUSHI Brass Rock

Japanese Traditional
Arr.by Yosuke Fukuda

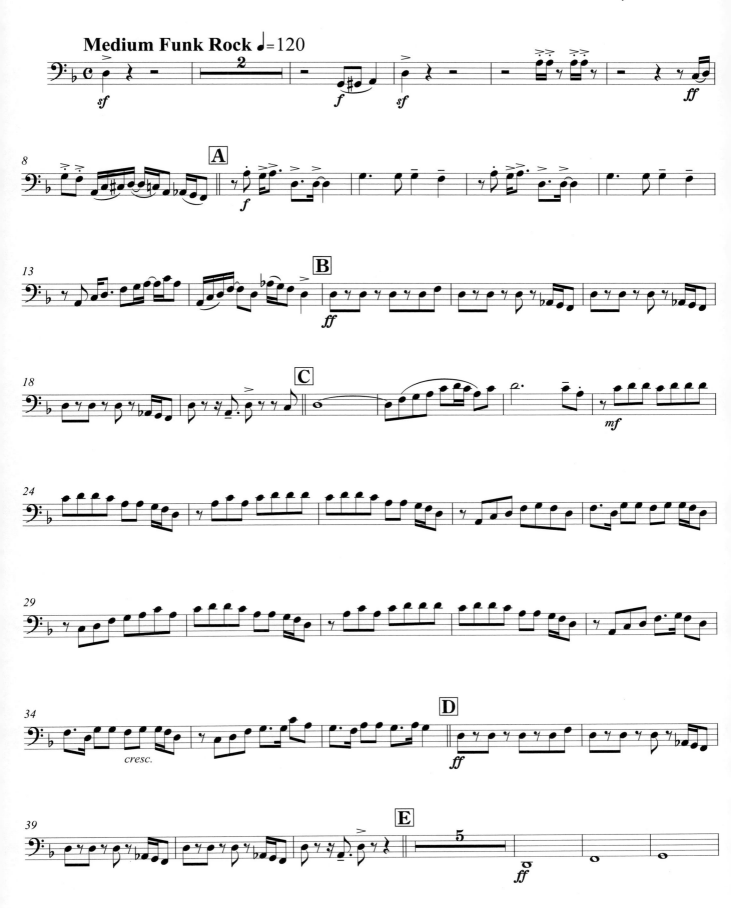

Electric Bass Guitar
(Acoustic Bass)

祭-YAGIBUSHI Brass Rock

Japanese Traditional
Arr.by Yosuke Fukuda

祭-YAGIBUSHI Brass Rock

Drums

Japanese Traditional
Arr.by Yosuke Fukuda

当たり鉦, 樽太鼓

祭-YAGIBUSHI Brass Rock

Japanese Traditional
Arr.by Yosuke Fukuda

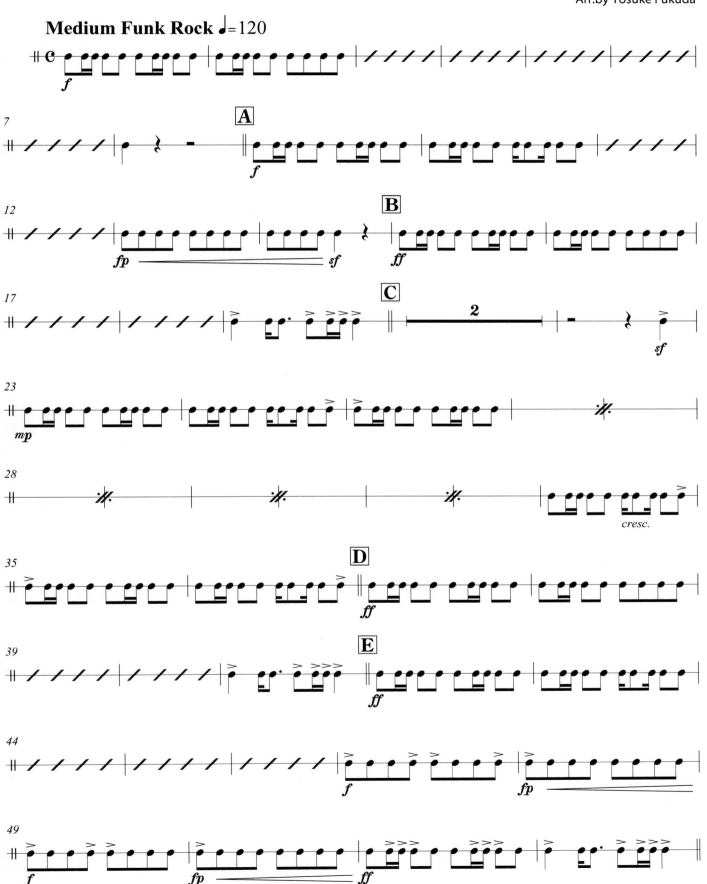

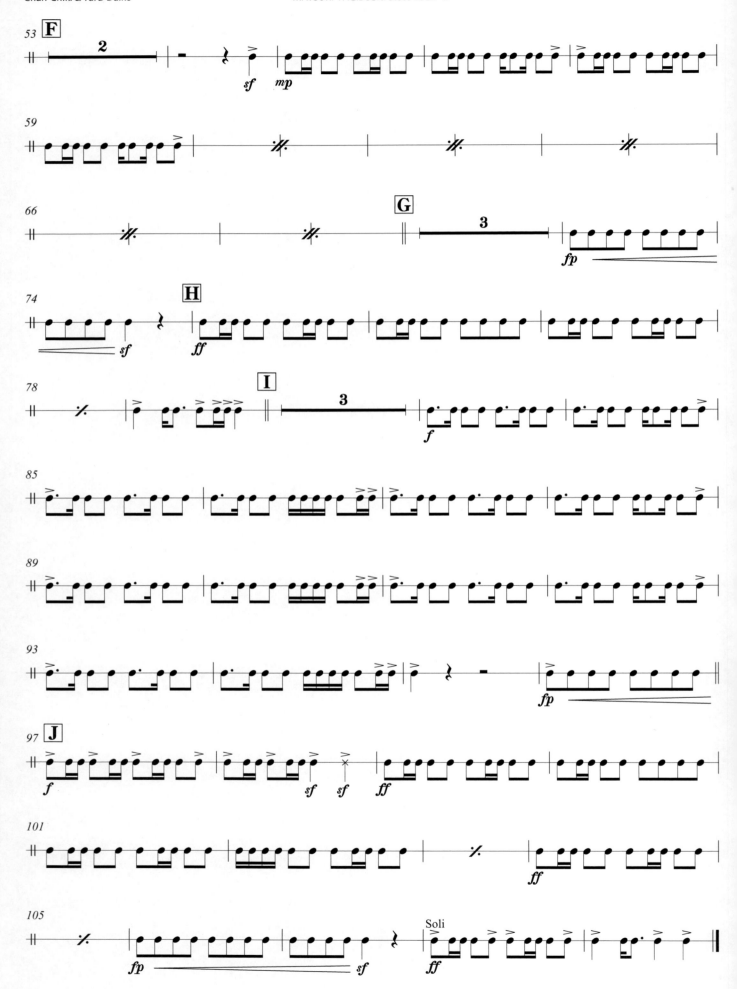

太鼓

祭-YAGIBUSHI Brass Rock

Japanese Traditional
Arr.by Yosuke Fukuda

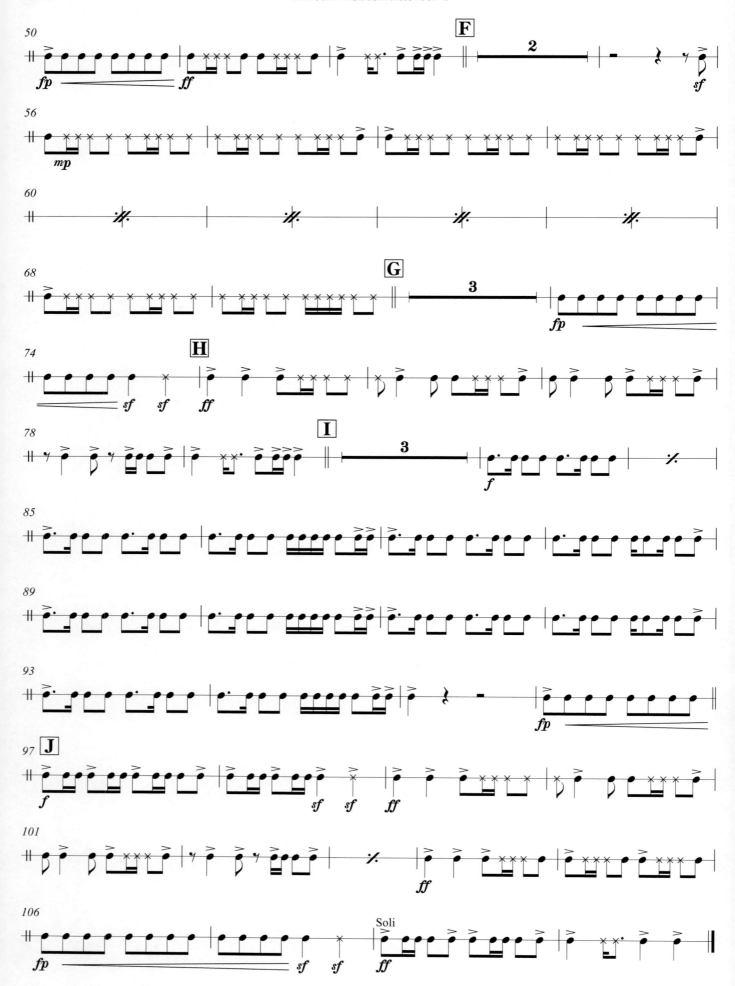

祭-YAGIBUSHI Brass Rock

Percussion
(Cowbell, Tambourine, Bongo)

Japanese Traditional
Arr.by Yosuke Fukuda

Percussion
(Cowbell, Tambourine, Bongo)

MATSURI-YAGIBUSHI Brass Rock - 2

Mallet
(Xylophone, Glockenspiel)

祭-YAGIBUSHI Brass Rock

Japanese Traditional
Arr.by Yosuke Fukuda

Mallet
(Xylophone, Glockenspiel)